Für Mathe üben

Aufgabensammlung Klasse 2

illustriert von Anke am Berg
erarbeitet von Eva Odersky

westermann

Addition und Subtraktion: ganze Zehnerzahlen

0 10 20 30 40 50 60 70 80 90 100

1

3 + 2 = 5 | 6 + 3 = ___
30 + 20 = 50 | 60 + 30 = ___

5 + 4 = ___ | 5 + 5 = ___
50 + ___ = ___ | ___ + 50 = ___

2

6 − 3 = ___ | 7 − 2 = ___
60 − 30 = ___ | ___ − ___ = ___

8 − 6 = ___ | 10 − 7 = ___
___ − ___ = ___ | ___ − ___ = ___

3

+ 30

20	50
70	
60	
50	

+ 40

30	
	80
	60
50	

4

− 20

40	20
80	
60	
50	

− 50

90	
	30
	20
100	

5

	40	
20	20	
10	10	10

20	30	10

60	10	20

40	10	30

6

40 gelb | 50 orange | 60 rot | 70 blau

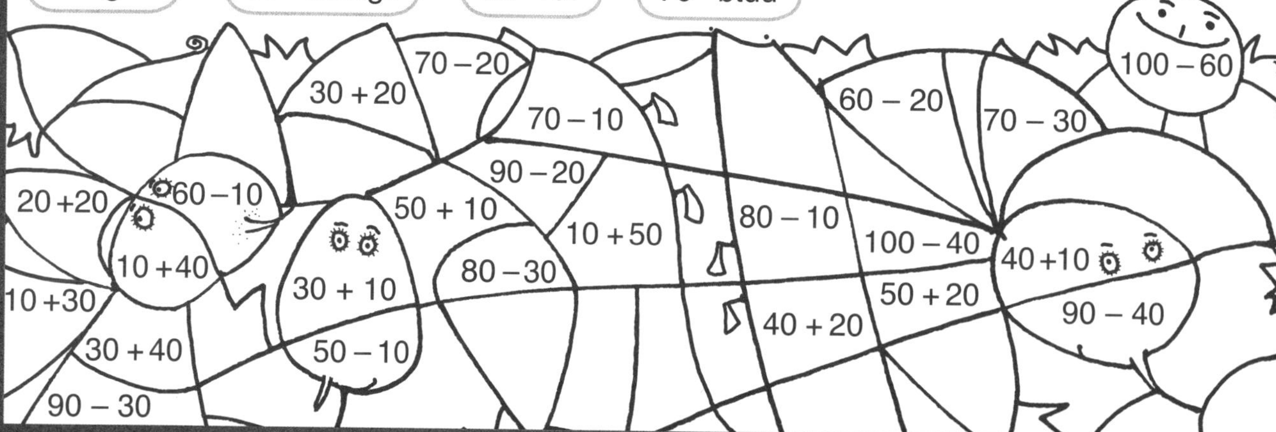

1

61 + 30 = 91	57 + 20 = ☐	33 + 40 = ☐
91 − 30 = 61	☐ − 20 = ☐	☐ − 40 = ☐
93 − 40 = ☐	45 − 10 = ☐	74 − 30 = ☐
☐ + 40 = ☐	☐ + 10 = ☐	☐ + 30 = ☐

2

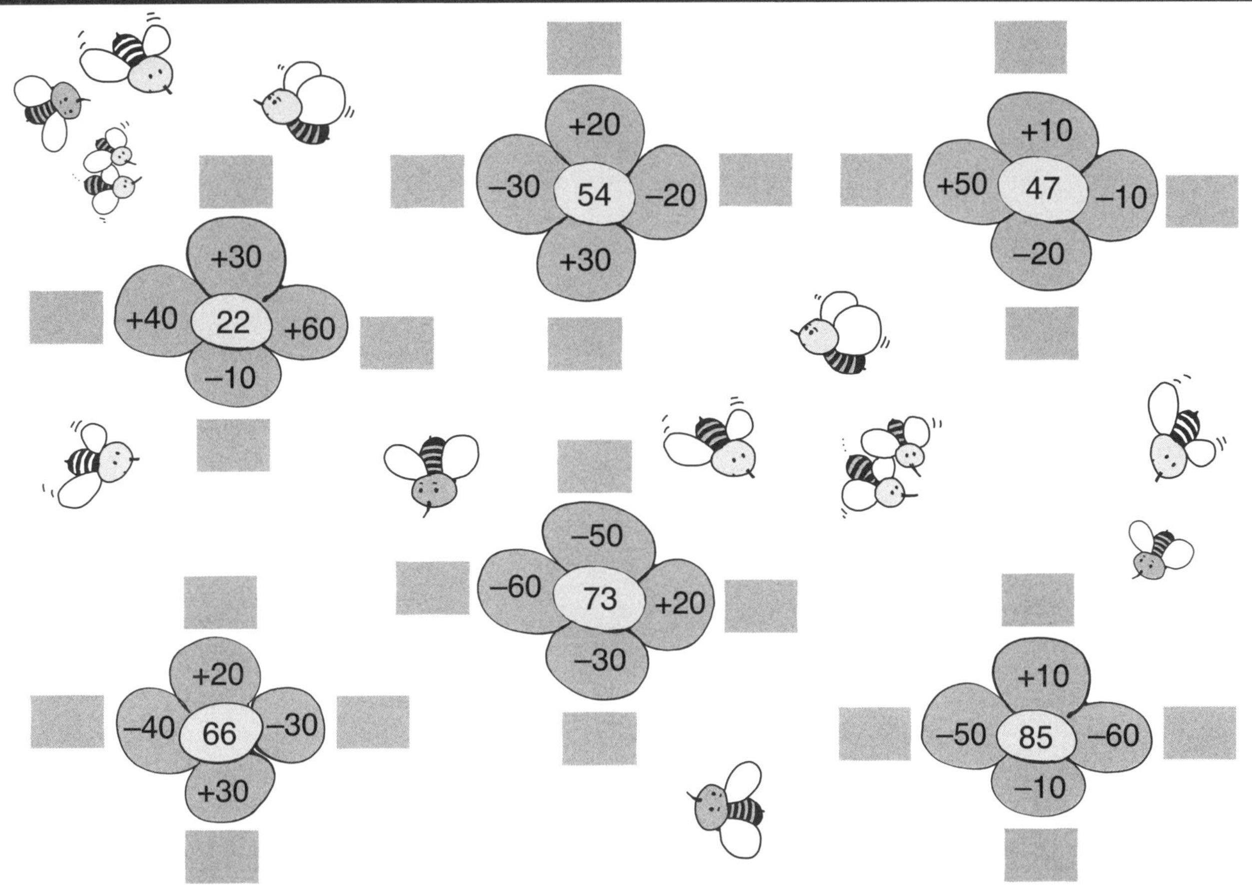

3

28 + 30 = ☐ W	17 + 60 = ☐ T	63 − 40 = ☐ G	99 − 60 = ☐ R
34 + 40 = ☐ E	21 − 10 = ☐ E	45 + 50 = ☐ I	82 − 50 = ☐ T

Rechne und schreibe die Buchstaben zu ihren Ergebnissen.
So findest du das Lösungswort.

23	74	58	95	77	32	11	39

Addition: Zehnerzahlen und Einer

1

40 + 5 = 45	60 + 7 = ___	50 + 5 = ___	10 + ___ = 18
30 + 6 = ___	20 + ___ = 29	90 + ___ = 91	70 + ___ = 74
10 + 1 = ___	40 + ___ = 42	80 + 3 = ___	60 + 9 = ___

2

+	1	5	9	6	3
20					
60					
90					
40					

+	2	7	4	5	8
30					
80					
50					
70					

3

70 + 7	50 + 1	30 + 9	60 + 6	10 + 8	90 + 4
77	39	51	18	66	94

4

Rechne und verbinde dann die Ergebnisse der Reihe nach.

30 + 5 = ___	80 + 2 = ___
50 + 3 = ___	20 + 4 = ___
40 + 9 = ___	60 + 5 = ___
90 + 6 = ___	70 + 7 = ___
10 + 7 = ___	10 + 2 = ___
20 + 9 = ___	30 + 6 = ___
60 + 2 = ___	40 + 7 = ___
80 + 5 = ___	50 + 1 = ___

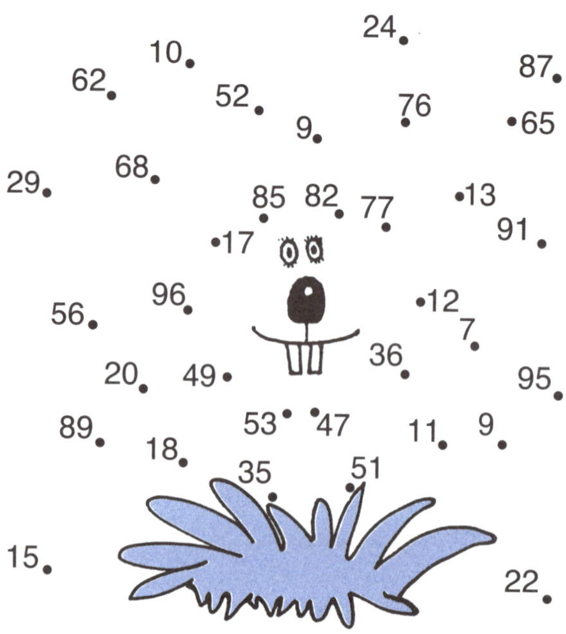

1

33 + 4 = 37 | 41 + 7 = ___ | 72 + 3 = ___ | 54 + 5 = ___
37 – 4 = 33 | ___ – 7 = ___ | ___ – 3 = ___ | ___ – 5 = ___

23 + 2 = ___ | 65 + 3 = ___ | 82 + 6 = ___ | 91 + 8 = ___
___ – 2 = ___ | ___ – 3 = ___ | ___ – 6 = ___ | ___ – 8 = ___

2

+	3	5	4	2
23				
81				
64				
32				

–	3	5	4	2
59				
18				
96				
37				

3

35 $\xrightarrow{+4}$ ___ $\xrightarrow{-8}$ ___ $\xrightarrow{+3}$ ___ $\xrightarrow{+4}$ ___ $\xrightarrow{-6}$ ___ $\xrightarrow{+5}$ ___

67 $\xrightarrow{-6}$ ___ $\xrightarrow{+8}$ ___ $\xrightarrow{-5}$ ___ $\xrightarrow{-2}$ ___ $\xrightarrow{+6}$ ___ $\xrightarrow{-3}$ ___

99 $\xrightarrow{-7}$ ___ $\xrightarrow{+5}$ ___ $\xrightarrow{-2}$ ___ $\xrightarrow{-4}$ ___ $\xrightarrow{+8}$ ___ $\xrightarrow{-3}$ ___

Male alle Ergebnisse der 1. Rechenschlange orange, der 2. rot und der 3. gelb an.

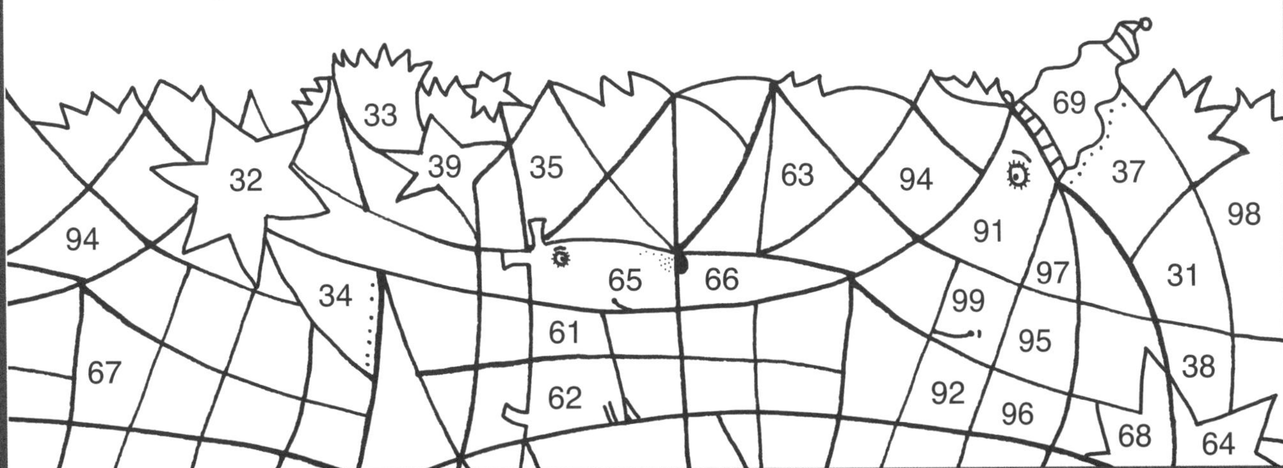

Addition zum Zehner

1

4 + 6 = 10	3 + ☐ = 10	2 + ☐ = 10	9 + ☐ = 10
34 + 6 = 40	23 + ☐ = 30	72 + ☐ = 80	99 + ☐ = 100
5 + ☐ = 10	6 + ☐ = 10	8 + ☐ = 10	7 + ☐ = 10
65 + ☐ = 70	46 + ☐ = 50	58 + ☐ = 60	87 + ☐ = 90

2 Ergänze die Nachbarzehner.

20	24	30
	68	
	35	
	17	
	82	

	76	
	43	
	21	
	57	
	99	

3

+ 4	
66	
16	
	50
	90
	30

+ 7	
53	
33	
	80
	20
	100

4

43 + ☐ = 50
38 + ☐ = 40
11 + ☐ = 20
65 + ☐ = 70
89 + ☐ = 90
27 + ☐ = 30
52 + ☐ = 60
74 + ☐ = 80
96 + ☐ = 100

5

☐ + 2 = 20
☐ + 8 = 60
☐ + 7 = 90
☐ + 3 = 30
☐ + 5 = 70
☐ + 6 = 40
☐ + 1 = 80
☐ + 9 = 50
☐ + 4 = 100

6 Verbinde deine Lösungen von Aufgabe 4 rot und von Aufgabe 5 braun.

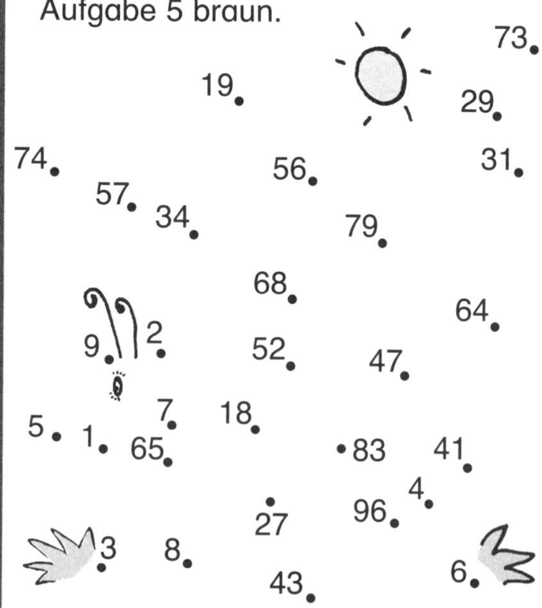

1

10 – 2 = ☐	10 – 4 = ☐	10 – 5 = ☐	10 – 7 = ☐
30 – 2 = ☐	70 – 4 = ☐	50 – 5 = ☐	90 – 7 = ☐

2

–	1	2	3	4	5	6	7	8	9
10	9								
20									
40									
80									

3

– 3		– 7		– 1	
60		70		20	
90		30		40	
50		90		80	
30		50		10	
80		60		30	
40		40		50	
20		10		100	

4

– 5		– 9		– 6	
50	45	20	11	20	14
30	25		31		34
	5		81		94
	15		61		64
	95		1		4
	65		51		24
	35		91		74

5

90 – 1 = ☐ L	20 – 2 = ☐ F	80 – 8 = ☐ U	40 – 9 = ☐ G
50 – 3 = ☐ Z	60 – 4 = ☐ G	30 – 6 = ☐ E	70 – 5 = ☐ U

Rechne und schreibe die Buchstaben zu ihren Ergebnissen.
So findest du das Lösungswort.

18	89	72	31	47	24	65	56

Wiederholung

1

25 gelb | 48 orange | 54 rot | 73 grün | 86 blau

1

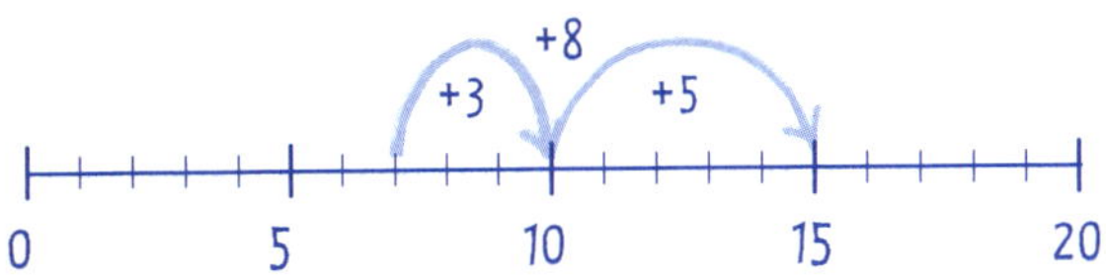

7 + 8 = 15

(+3) (10) (+5)

6 + 5 = ___   ( ) (10) ( )

4 + 8 = ___   ( ) (10) ( )

3 + 9 = ___   ( ) (10) ( )

5 + 7 = ___   ( ) (10) ( )

2

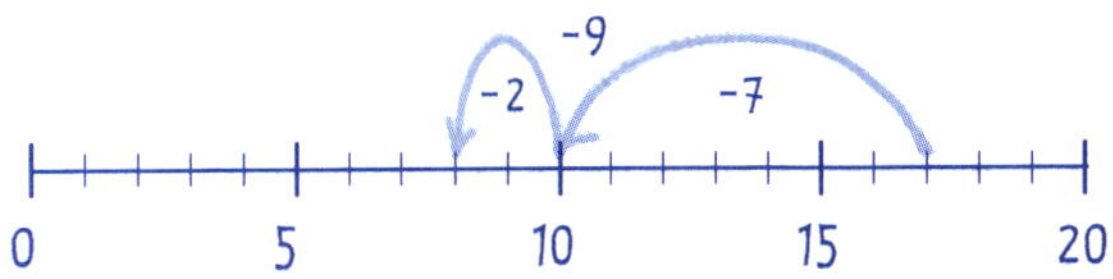

17 – 9 = 8

(–7) (10) (–2)

15 – 8 = ___   ( ) (10) ( )

13 – 5 = ___   ( ) (10) ( )

12 – 6 = ___   ( ) (10) ( )

16 – 9 = ___   ( ) (10) ( )

3

8 + 2 + ___ = 13	12 – 2 – ___ = 7	6 + 4 + ___ = 12
7 + 3 + ___ = 15	15 – 5 – ___ = 5	14 – 4 – ___ = 8
4 + 6 + ___ = 11	18 – ___ – ___ = 9	9 + 1 + ___ = 17
3 + ___ + ___ = 12	14 – ___ – ___ = 8	16 – 6 – ___ = 7
5 + ___ + ___ = 14	17 – ___ – ___ = 9	2 + 8 + ___ = 11

4

Rechne und verbinde die Ergebnisse der Reihe nach.

4 + 8 = ___	14 – 9 = ___
5 + 8 = ___	8 + 8 = ___
13 – 7 = ___	9 + 6 = ___
18 – 9 = ___	12 – 4 = ___
6 + 8 = ___	15 – 8 = ___
2 + 9 = ___	9 + 8 = ___

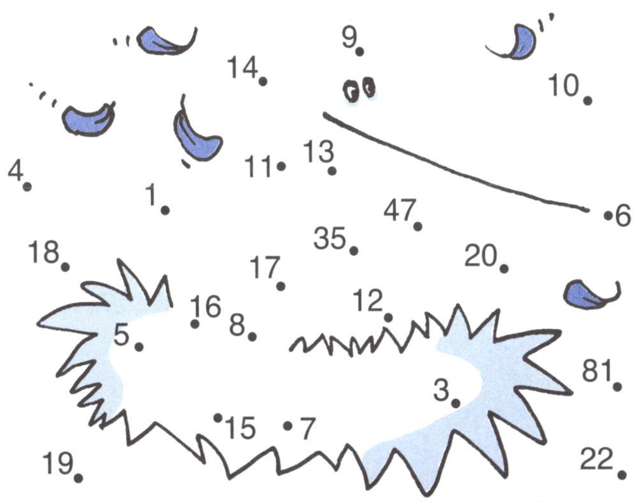

Addition über Zehnerzahlen in zwei Schritten

1

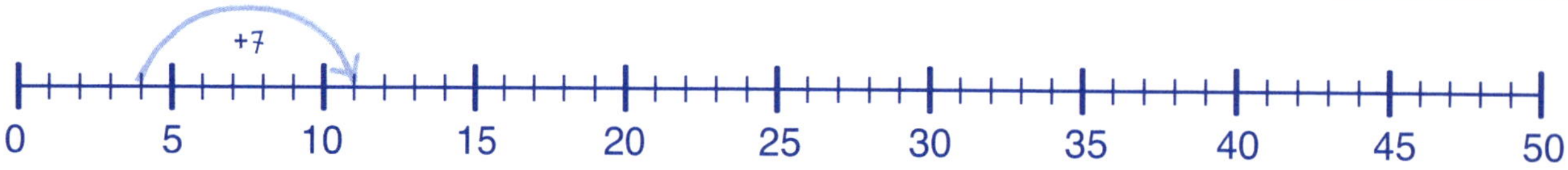

4 + 7 = ☐ (10)

16 + 8 = ☐ (20)

28 + 5 = ☐ (30)

39 + 6 = ☐ (40)

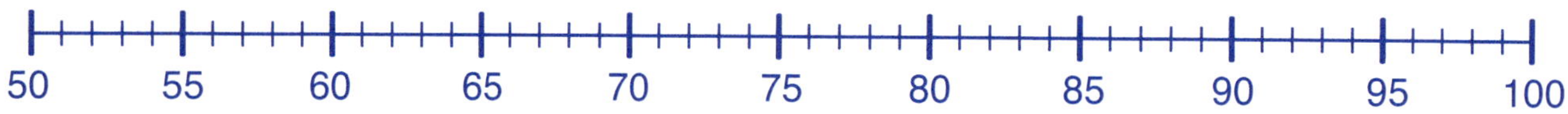

53 + 8 = ☐

67 + 5 = ☐

76 + 7 = ☐

88 + 9 = ☐

2

Rechne und male die Felder mit den Ergebnissen unten an.

+ 4		+ 5		+ 6	
19		19		26	
67		57		36	
26		66		47	
89		48		55	
78		35		88	

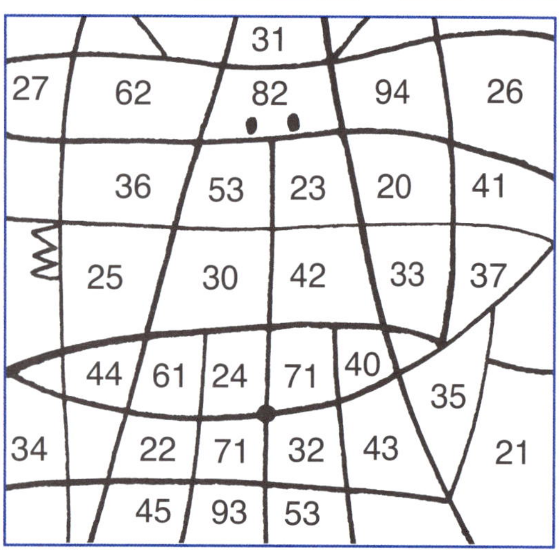

3

Rechne und male die Felder mit den Ergebnissen unten an.

+ 7		+ 8		+ 9	
37		14		83	
48		33		29	
84		67		12	
59		89		37	
66		46		78	

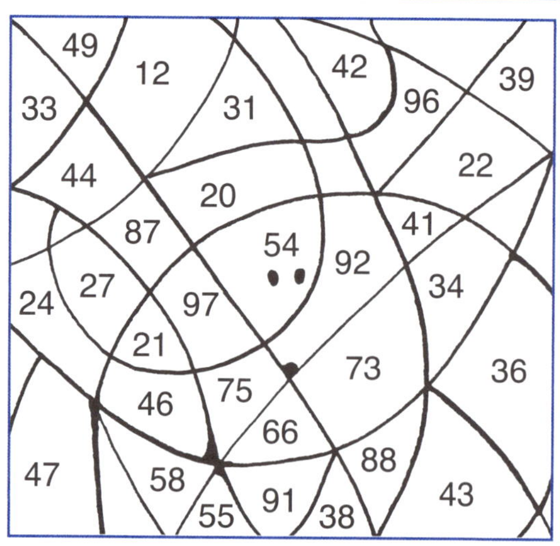

Denken beim Rechnen: Addition über Zehnerzahlen

1

+	2	4	6
34			
66			
48			

+	3	5	7
13			
25			
77			

+	1	8	9
69			
22			
51			

2

Bilde mit den Karten mindestens sechs verschiedene Plus-Aufgaben.

2 3 + 6 =

2 7 +

3

Überlege zuerst, ob das Ergebnis im nächsten Zehner liegt.

nein	34 + 5 =	___	38 + 4 =	___	73 + 9 =
ja	47 + 5 =	___	55 + 6 =	___	29 + 3 =
___	63 + 4 =	___	17 + 2 =	___	84 + 5 =
___	86 + 7 =	___	24 + 5 =	___	48 + 6 =

4

Verbinde die Ergebnisse von Aufgabe 3 der Reihe nach.

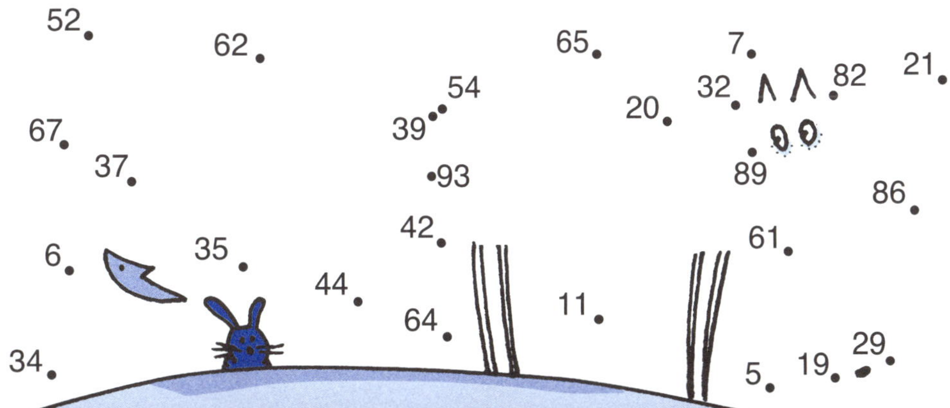

Addition über Zehnerzahlen

1

2	7	25

(9 ist in den mittleren linken Stein eingetragen)

3	6	38
2	6	78
4	5	49
5	4	19
2	7	46
3	6	66
2	6	58

2

28 + 6 = 34	36 + 5 =	89 + 4 =	75 + 8 =
64 + 7 =	69 + 3 =	52 + 9 =	49 + 2 =
68 + 8 =	19 + 5 =	59 + 9 =	39 + 5 =

Streiche deine Ergebnisse durch: 76 44 41 51 93 71 83 61 72 68 24 ~~34~~

3

17 —+4→ ☐ —+7→ ☐ —+7→ ☐ —+6→ ☐ —+8→ ☐ —+4→ ☐ L

28 —+7→ ☐ —+8→ ☐ —+9→ ☐ —+6→ ☐ —+4→ ☐ —+9→ ☐ S

49 —+5→ ☐ —+9→ ☐ —+8→ ☐ —+8→ ☐ —+6→ ☐ —+8→ ☐ U

36 —+7→ ☐ —+9→ ☐ —+7→ ☐ —+5→ ☐ —+8→ ☐ —+9→ ☐ S

57 —+4→ ☐ —+7→ ☐ —+7→ ☐ —+8→ ☐ —+5→ ☐ —+8→ ☐ F

Schreibe die Buchstaben
zu ihren Ergebnissen.
So findest du das Lösungswort.

96	53	93	81	71

Subtraktion über Zehnerzahlen in zwei Schritten

1

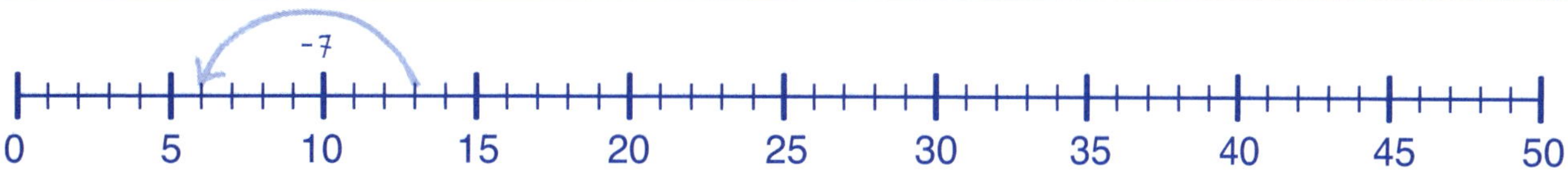

13 – 7 = ☐ (-3) (10) (-4)

22 – 5 = ☐ (20)

36 – 8 = ☐ (30)

44 – 6 = ☐ (40)

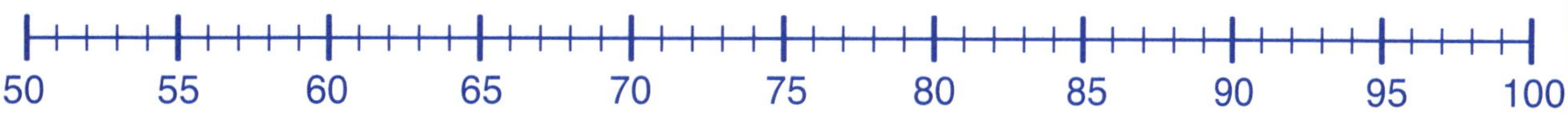

61 – 9 = ☐

74 – 6 = ☐

86 – 7 = ☐

95 – 8 = ☐

2

Verbinde die Aufgaben, die das gleiche Ergebnis haben.

84 – 8	83 – 7	85 – 8	85 – 9	85 – 7	84 – 6
83 – 3 – 4	84 – 4 – 4	85 – 5 – 4	85 – 5 – 3	85 – 5 – 2	84 – 4 – 2
73 – 8	72 – 8	73 – 7	75 – 7	75 – 6	77 – 9
73 – 3 – 5	73 – 3 – 4	72 – 2 – 6	75 – 5 – 2	7 – 7 – 2	75 – 5 – 1

3

68 – 9 = ☐

83 – 8 = ☐

76 – 8 = ☐

22 – 5 = ☐

55 – 7 = ☐

47 – 9 = ☐

34 – 7 = ☐

61 – 4 = ☐

92 – 6 = ☐

Male die Wolken mit deinen Ergebnissen an.

59, 17, 48, 68, 38, 57, 27, 75, 86

Denken beim Rechnen: Subtraktion über Zehnerzahlen

1

–	2	4	6
22			
64			
86			

–	3	5	7
93			
45			
37			

–	1	8	9
31			
18			
99			

2

Bilde mit den Karten mindestens sechs verschiedene Minus-Aufgaben.

4 3 - 5 =

4 4 -

3

Überlege zuerst, ob das Ergebnis im anderen Zehner liegt.

nein 33 – 2 =	___ 25 – 7 =	___ 43 – 5 =
ja 34 – 6 =	___ 48 – 4 =	___ 92 – 3 =
___ 52 – 4 =	___ 67 – 8 =	___ 74 – 3 =

4

24 gelb | 33 orange | 46 rot | 75 grün

1 Kreise das richtige Ergebnis ein.

45 – 8	82 – 5	24 – 7	56 – 8	91 – 3	66 – 9
47 (37) 36	78 87 77	17 16 18	58 48 38	88 94 87	58 57 56

36 – 7	23 – 6	73 – 5	34 – 7	13 – 8	44 – 5
39 28 29	27 17 7	68 67 69	42 27 17	6 21 5	38 39 40

92 – 4	87 – 9	35 – 7	53 – 8	64 – 6	21 – 5
87 88 89	98 88 78	28 27 29	55 45 48	58 60 55	14 15 16

2

–	6	8	5
55			
83			
64			
22			

–	7	9	4
42			
95			
41			
53			

3 Streiche die Fehler durch.

–	5	7
83	~~79~~	76
31	36	35
94	89	96
62	58	55

–	6	9
42	36	32
25	20	15
63	17	12
44	37	35

4

94 $\xrightarrow{-5}$ ☐ $\xrightarrow{-8}$ ☐ $\xrightarrow{-7}$ ☐ $\xrightarrow{-7}$ ☐ $\xrightarrow{-9}$ ☐ $\xrightarrow{-9}$ ☐ U

71 $\xrightarrow{-6}$ ☐ $\xrightarrow{-7}$ ☐ $\xrightarrow{-6}$ ☐ $\xrightarrow{-8}$ ☐ $\xrightarrow{-9}$ ☐ $\xrightarrow{-7}$ ☐ M

83 $\xrightarrow{-4}$ ☐ $\xrightarrow{-8}$ ☐ $\xrightarrow{-8}$ ☐ $\xrightarrow{-6}$ ☐ $\xrightarrow{-9}$ ☐ $\xrightarrow{-7}$ ☐ R

62 $\xrightarrow{-7}$ ☐ $\xrightarrow{-8}$ ☐ $\xrightarrow{-9}$ ☐ $\xrightarrow{-7}$ ☐ $\xrightarrow{-5}$ ☐ $\xrightarrow{-8}$ ☐ W

Schreibe die Buchstaben zu ihren Ergebnissen.
So findest du das Lösungswort.

18	49	41	28

Denken beim Rechnen: Addition und Subtraktion mit 9

1

17 + 9 = ___

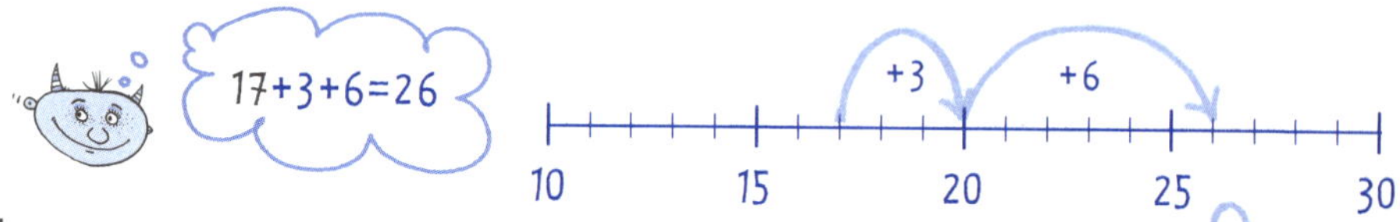

Du kannst auch so rechnen:

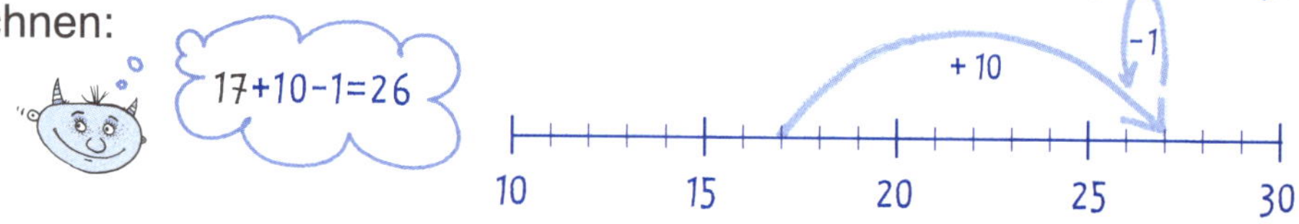

16 + 9 = ___ 37 + 9 = ___ 84 + 9 = ___

16 + ___ ___ = ___ 37 + ___ ___ = ___ 84 + ___ ___ = ___

28 + 9 = ___ 55 + 9 = ___ 63 + 9 = ___

28 + ___ ___ = ___ 55 + ___ ___ = ___ 63 + ___ ___ = ___

2

24 – 9 = ___

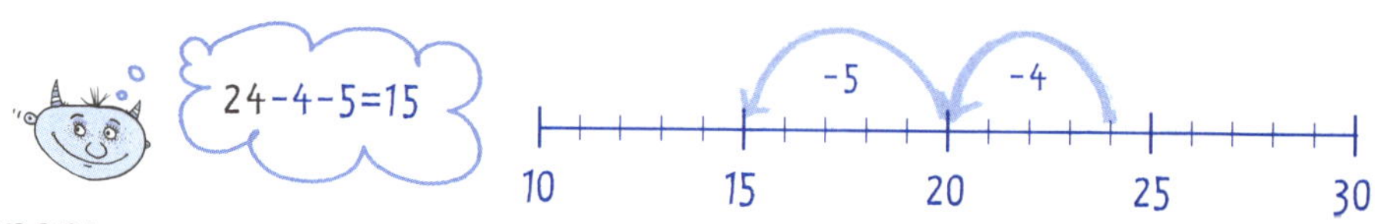

Du kannst auch so rechnen:

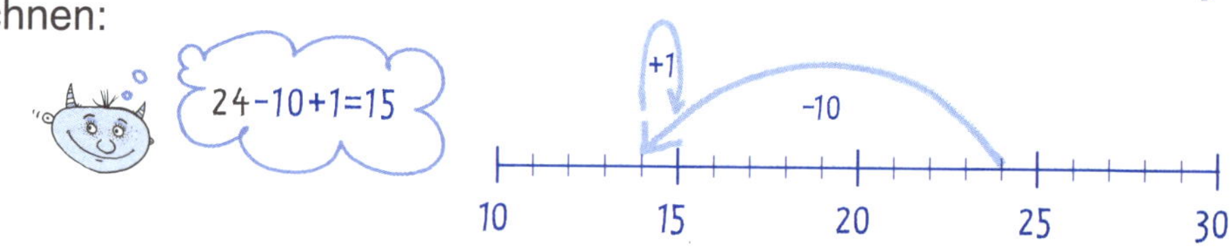

22 – 9 = ___ 35 – 9 = ___ 64 – 9 = ___

22 – ___ ___ = ___ 35 – ___ ___ = ___ 64 – ___ ___ = ___

3

Rechne und verbinde die Ergebnisse der Reihe nach.

28 + 9 = ___ 93 – 9 = ___

17 + 9 = ___ 44 – 9 = ___

38 + 9 = ___ 34 – 9 = ___

23 + 9 = ___ 57 – 9 = ___

65 + 9 = ___ 82 – 9 = ___

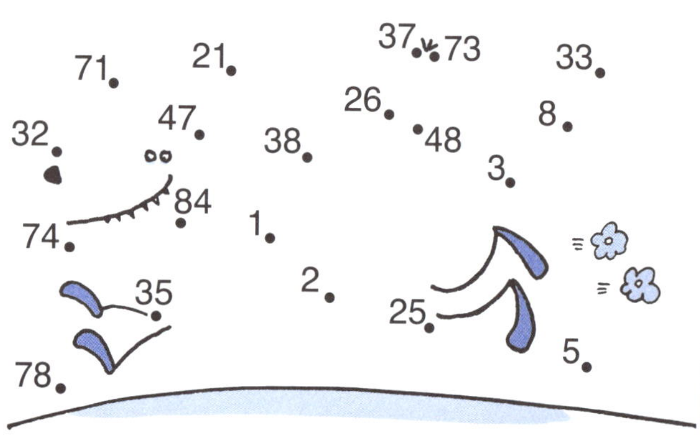

1

34 rot | 35 gelb | 45 blau | 46 orange | 47 grün

Addition in mehreren Schritten

1

32 + 26 = ☐ oder

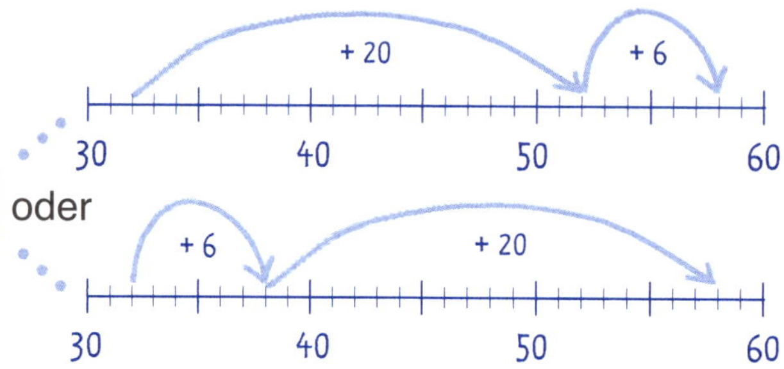

32 + 26 = 58 (+20 → 52 → +6)

32 + 26 = 58 (+6 → 38 → +20)

Wie willst du rechnen?

56 + 43 = ☐ 14 + 45 = ☐ 31 + 58 = ☐ 23 + 46 = ☐

33 + 32 = ☐ 45 + 12 = ☐ 74 + 23 = ☐ 81 + 16 = ☐

2

Verbinde die Aufgaben, die das gleiche Ergebnis haben.

36 + 20 + 3	36 + 20 + 4	39 + 20 + 3	42 + 20 + 9	42 + 20 + 7
36 + 4 + 20	36 + 3 + 20	39 + 3 + 20	42 + 7 + 20	42 + 9 + 20

3

Wie willst du rechnen? Sieh nochmal in Aufgabe 1 nach.

38 + 14 = ☐ M 24 + 58 = ☐ A 49 + 23 = ☐ S 66 + 25 = ☐ L

57 + 35 = ☐ A 29 + 64 = ☐ D 36 + 17 = ☐ U 18 + 47 = ☐ W

Schreibe die Buchstaben
zu ihren Ergebnissen.
So findest du das Lösungswort.

65	82	91	93	52	92	53	72

1

57 – 34 = ☐ oder

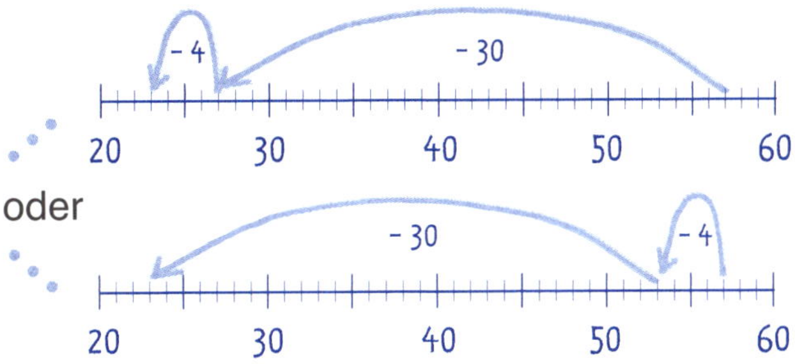

57 – 34 = 23
(–30) → 27 → (–4)

57 – 34 = 23
(–4) → 53 → (–30)

Wie willst du rechnen?

68 – 26 = ☐

75 – 44 = ☐

99 – 56 = ☐

48 – 15 = ☐

72 – 14 = ☐

51 – 23 = ☐

63 – 35 = ☐

94 – 48 = ☐

2

35 – 15	56 – 15	98 – 15	44 – 15	62 – 15	83 – 15	77 – 15
20	83	41	29	68	47	62

3

74 – 24 = ☐

86 – 46 = ☐

98 – 24 = ☐

72 – 46 = ☐

62 – 24 = ☐

53 – 46 = ☐

52 – 24 = ☐

64 – 46 = ☐

4

Male die Felder mit den Ergebnissen von Aufgabe 3 an.

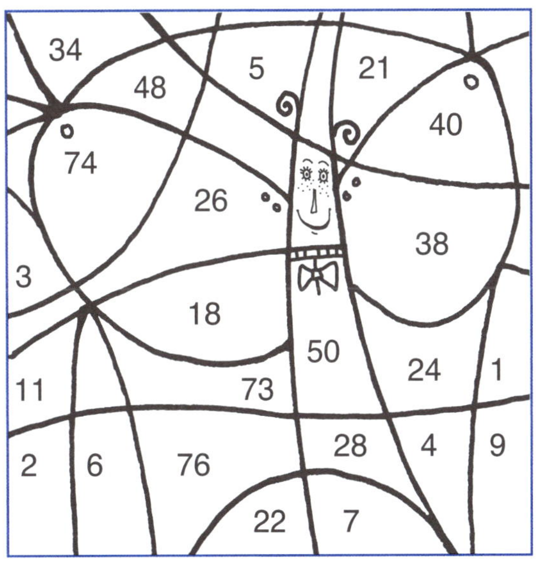

Denken beim Rechnen: Addition und Subtraktion

1 Sieh dir zuerst die Einer an. Ergeben sie eine ganze Zehnerzahl?

67 + 23 = 90 +3 → 70 → +20	32 + 28 = ___	54 – 34 = 20 –4 → 50 → –30	43 – 23 = ___
36 + 34 = ___	61 + 19 = ___	77 – 27 = ___	65 – 45 = ___
25 + 55 = ___	43 + 37 = ___	91 – 81 = ___	86 – 36 = ___

2 Sieh dir zuerst die Einer an. Ist eine 9er-Zahl dabei?

36 + 19 = ___	47 – 29 = ___	58 + 29 = ___
27 + 20 - 1 = ___	47 – 30 + 1 = ___	58 + ___ ___ = ___
27 + 49 = ___	94 – 59 = ___	34 – 19 = ___
27 + ___ ___ = ___	94 – ___ ___ = ___	34 – ___ ___ = ___
15 + 69 = ___	82 – 49 = ___	18 + 59 = ___
15 + ___ ___ = ___	82 – ___ ___ = ___	18 + ___ ___ = ___
43 + 39 = ___	65 – 39 = ___	96 – 69 = ___
43 + ___ ___ = ___	65 – ___ ___ = ___	96 – ___ ___ = ___

Verbinde die Ergebnisse der Reihe nach.

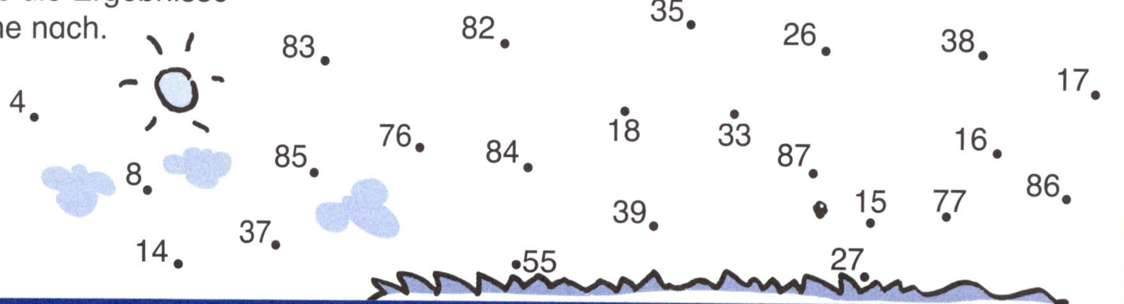

1 Überprüfe dein Ergebnis mit der Umkehraufgabe.

36 + 22 = 58	12 + 67 = ___	76 – 24 = ___	47 – 25 = ___
58 – 22 = 36	___ – ___ = ___	___ + 24 = 76	___ + ___ = ___
42 + 33 = ___	51 + 26 = ___	89 – 57 = ___	68 – 12 = ___
___ – 33 = 42	___ – ___ = ___	___ + 57 = 89	___ + ___ = ___
63 + 15 = ___	21 + 45 = ___	56 – 35 = ___	99 – 57 = ___
___ – 15 = 63	___ – ___ = ___	___ + 35 = 56	___ + ___ = ___

2

22 + 35 = ___	35 + 42 = ___
55 + 34 = ___	14 + 64 = ___
41 + 53 = ___	26 + 33 = ___
64 + 13 = ___	81 + 16 = ___

3

65 – 24 = ___	92 – 61 = ___
88 – 14 = ___	44 – 23 = ___
56 – 35 = ___	38 – 17 = ___
77 – 46 = ___	69 – 58 = ___

4

43 →(+ 34) ___ →(– 52) ___ →(+ 45) ___ →(+ 17) ___ →(– 46) ___ →(+ 28) ___

25 →(+ 24) ___ →(– 13) ___ →(+ 62) ___ →(– 46) ___ →(+ 16) ___ →(– 37) ___

69 →(– 55) ___ →(+ 42) ___ →(+ 23) ___ →(– 36) ___ →(+ 45) ___ →(– 66) ___

Verbinde die Ergebnisse
der 1. Rechenschlange grün,
der 2. Rechenschlange rot,
der 3. Rechenschlange orange.

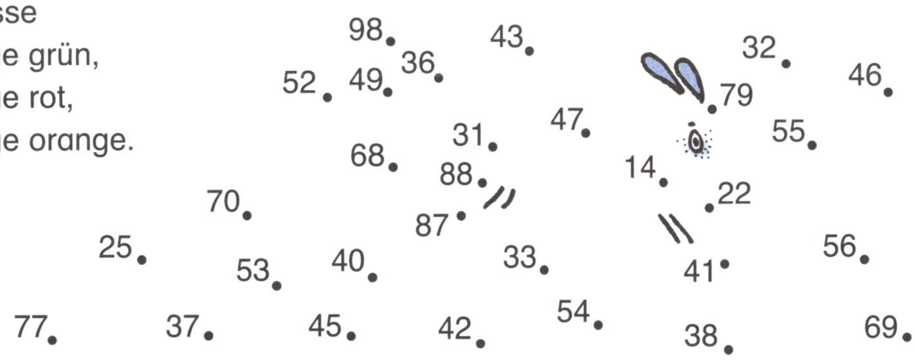

Wiederholung

1

32 lila | 40 gelb | 50 orange | 55 blau | 78 rot

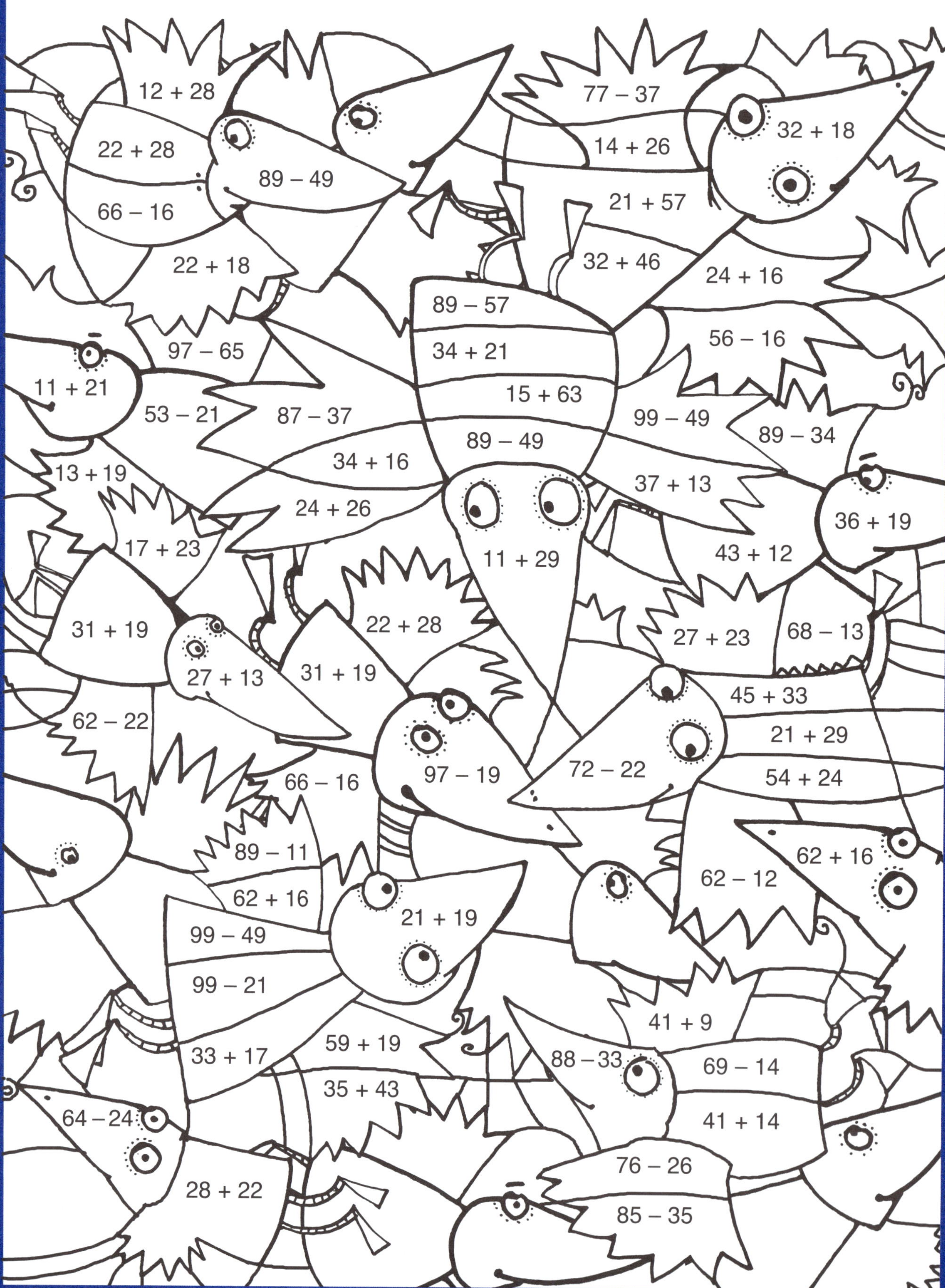

Multiplikation als verkürzte Addition

1

3 + 3 + 3 = ☐

3 · 3 = ☐

6 + 6 + 6 = ☐

☐ · 6 = ☐

2

3 + 3 = ☐

2 · 3 = ☐

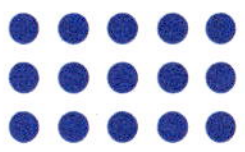

5 + 5 + 5 = ☐

☐ · 5 = ☐

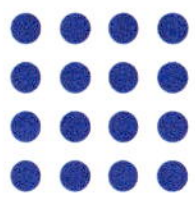

4 + 4 + 4 + 4 = ☐

☐ · 4 = ☐

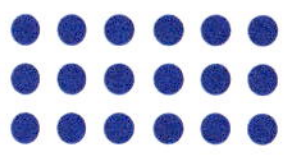

6 + 6 + 6 = ☐

☐ · 6 = ☐

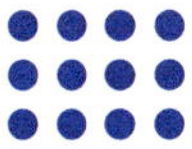

☐ + ☐ + ☐ = ☐

☐ · ☐ = ☐

☐ + ☐ = ☐

☐ · ☐ = ☐

☐ + ☐ + ☐ + ☐ + ☐ = ☐

☐ · ☐ = ☐

3

Verbinde die Aufgaben, die das gleiche Ergebnis haben.

6 + 6 + 6 | 8 + 8 | 5 + 5 + 5 | 3 + 3 + 3 + 3 | 2 + 2 + 2 + 2 | 9 + 9 + 9

2 · 8 | 3 · 6 | 3 · 5 | 4 · 2 | 4 · 3 | 3 · 9

4

3 + 3 + 3 = ☐

3 · 3 = ☐ O

10 + 10 + 10 + 10 = ☐

☐ · ☐ = ☐ L

4 + 4 + 4 + 4 = ☐

☐ · ☐ = ☐ G

6 + 6 + 6 + 6 + 6 = ☐

☐ · ☐ = ☐ V

5 + 5 + 5 + 5 + 5 = ☐

☐ · ☐ = ☐ E

Schreibe die Buchstaben zu ihren Ergebnissen. So findest du das Lösungswort.

30	9	16	25	40

Verdoppeln und Halbieren: Einmaleins mit 2

1 Verdoppeln

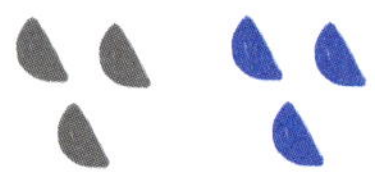

$3 \cdot 2 =$ ☐

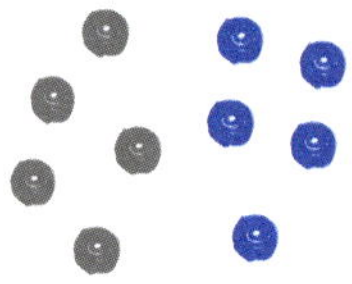

$5 \cdot 2 =$ ☐

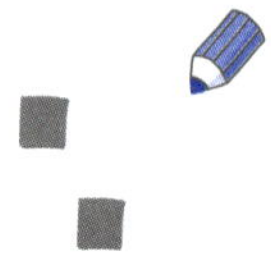

$2 \cdot 2 =$ ☐

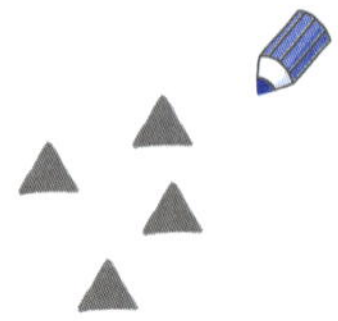

$4 \cdot 2 =$ ☐

2

	1	2	3	4	5	6	7	8	9	10
· 2	2	4								

3 Halbieren

$6 : 2 =$ ☐

$8 : 2 =$ ☐

$10 : 2 =$ ☐

$12 : 2 =$ ☐

4

	6	2	10	16	4	14	12	20	8	18
: 2										

5 Rechne und verbinde die Ergebnisse der Reihe nach.

· 2

10	
7	
9	
6	
8	
4	

: 2

8	
20	
12	
10	
4	
6	

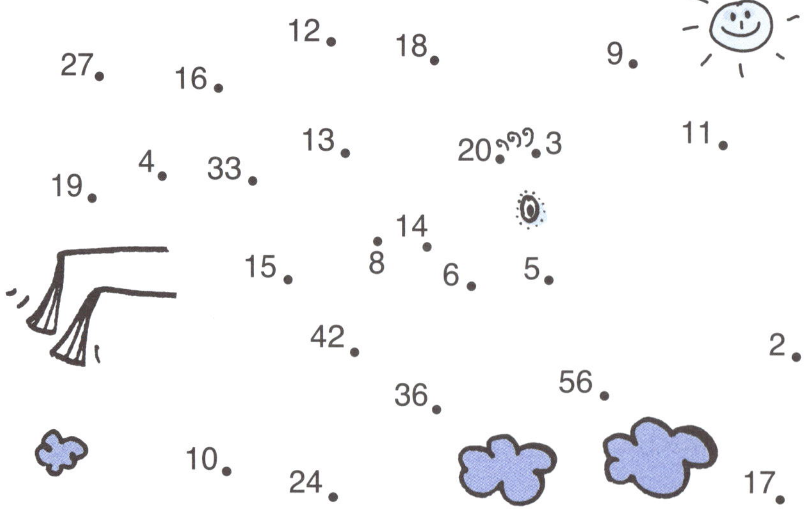

1

0 →(+5) ___ →(+5) ___ →(+5) ___ →(+5) ___ →(+5) ___ →(+5) ___ →(+5) ___ →(+5) ___ →(+5) ___ →(+5) ___

0 →(+10) ___ →(+10) ___ →(+10) ___ →(+10) ___ →(+10) ___ →(+10) ___ →(+10) ___ →(+10) ___ →(+10) ___ →(+10) ___

2

3 · 5 = 15
15 : 5 = 3

10 · 5 = ___
___ : 5 = ___

2 · 5 = ___
___ : 5 = ___

1 · 5 = ___
___ : 5 = ___

6 · 5 = ___
___ : 5 = ___

5 · 5 = ___
___ : 5 = ___

4 · 5 = ___
___ : 5 = ___

7 · 5 = ___
___ : 5 = ___

8 · 5 = ___
___ : 5 = ___

9 · 5 = ___
___ : 5 = ___

3

2 · 10 = 20
20 : 10 = 2

3 · 10 = ___
___ : 10 = ___

4 · 10 = ___
___ : 10 = ___

9 · 10 = ___
___ : 10 = ___

8 · 10 = ___
___ : 10 = ___

1 · 10 = ___
___ : 10 = ___

6 · 10 = ___
___ : 10 = ___

10 · 10 = ___
___ : 10 = ___

7 · 10 = ___
___ : 10 = ___

5 · 10 = ___
___ : 10 = ___

4

· 5	
3	
5	
7	
6	
9	

: 5	
25	
50	
20	
10	
5	

: 10	
60	
30	
70	
90	
80	

Male die Ergebnisse rot an.

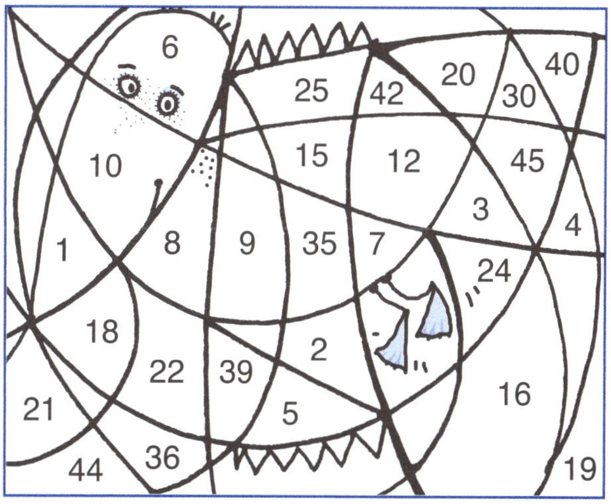

Einmaleins mit 4

1

+4 →, +4 ↓

0	4						
4	8						
							40

2

	· 2	· 4
1		
5		
7		
3		
2		

	· 2	· 4
4		
6		
8		
10		
9		

	: 2	: 4
12		
20		
8		
4		
16		

3 Verbinde die Aufgaben, die das gleiche Ergebnis haben.

2 · 4 | 3 · 4 | 1 · 4 | 4 · 4 | 5 · 4 | 20 : 4 | 40 : 4 | 16 : 4 | 8 : 4

6 · 2 | 4 · 2 | 8 · 2 | 2 · 2 | 10 · 2 | 20 : 2 | 10 : 2 | 4 : 2 | 8 : 2

4

4 · 4 =	16 : 4 =
12 : 4 =	28 : 4 =
40 : 4 =	3 · 4 =
8 · 4 =	7 · 4 =
6 · 4 =	24 : 4 =
36 : 4 =	8 : 4 =
32 : 4 =	9 · 4 =

Rechne und verbinde die Ergebnisse.

4. 8. 21. 7. 22. 9. 17. 8. 5. 13. 11. 24. 1. •12 10. 6. 25. 32. •28 23. 18. 3. 14. 2. 20. 16. 9. 15. 36.

1

+8 +8 +8 +8 +8 +8 +8 +8 +8 +8

0 ☐ ☐ ☐ ☐ ☐ ☐ ☐ ☐ ☐ ☐

Diese Zahlen sind auch Ergebnisse des 4er-Einmaleins: ☐ ☐ ☐ ☐ ☐

2

$4 \cdot 8 =$ 32 $2 \cdot 8 =$ ☐ $3 \cdot 8 =$ ☐ $8 \cdot 8 =$ ☐

32 $: 8 =$ 4   ☐ $: 8 =$ ☐   ☐ $: 8 =$ ☐   ☐ $: 8 =$ ☐

$7 \cdot 8 =$ ☐ $5 \cdot 8 =$ ☐ $9 \cdot 8 =$ ☐ $6 \cdot 8 =$ ☐

☐ $: 8 =$ ☐   ☐ $: 8 =$ ☐   ☐ $: 8 =$ ☐   ☐ $: 8 =$ ☐

3

	4	1	7	10	2	5	8	3	9	6
· 8										

	16	40	8	56	32	72	48	64	80	24
: 8										

4

4 rot   6 grün   8 orange   10 braun

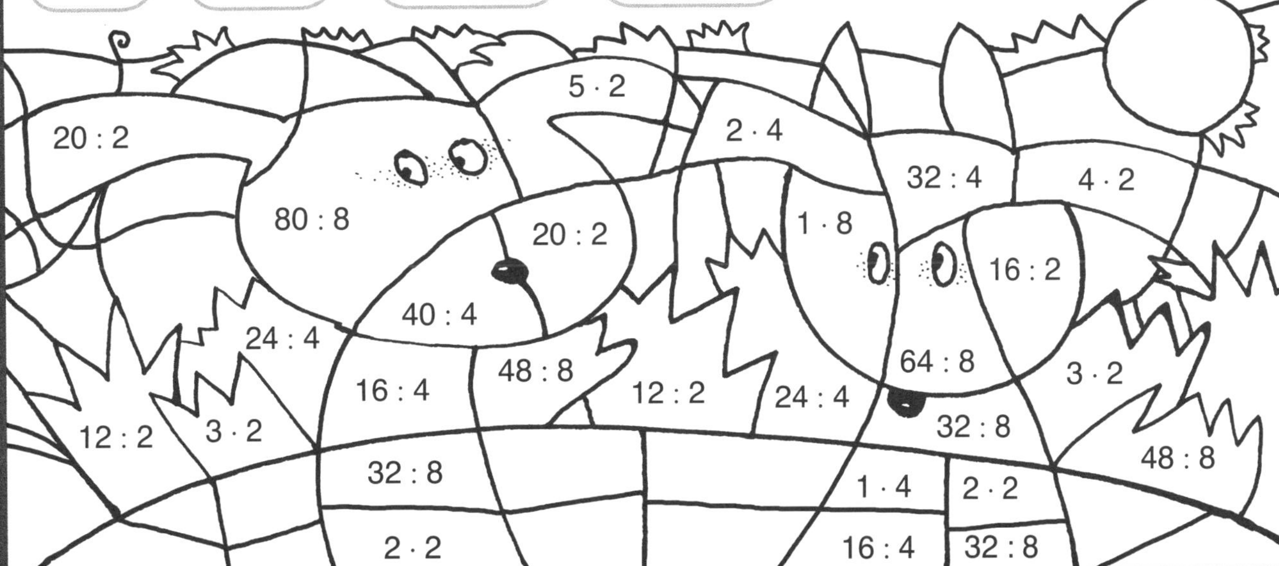

Einmaleins mit 3

1

	+3	+3	+3	+3	+3	+3	+3	+3	+3	+3
0										

	−3	−3	−3	−3	−3	−3	−3	−3	−3	−3
30										

2

$2 \cdot 3 =$ ___ $4 \cdot 3 =$ ___

$5 \cdot 3 =$ ___ $10 \cdot 3 =$ ___

$1 \cdot 3 =$ ___ $3 \cdot 3 =$ ___

$9 \cdot 3 =$ ___ $8 \cdot 3 =$ ___

$7 \cdot 3 =$ ___ $6 \cdot 3 =$ ___

3

: 3	
30	
18	
6	
24	

: 3	
15	
9	
27	
3	

: 3	
12	
21	
	6
	9

4

5 → · 3 → ___ → : 3 → 5

7 → · 3 → ___ → ___ → 7

8 → · 3 → ___ → ___ → 8

4 → · 3 → ___ → ___ → 4

5

27 → : 3 → ___ → · 3 → 27

18 → : 3 → ___ → ___ → 18

9 → : 3 → ___ → ___ → 9

30 → : 3 → ___ → ___ → 30

6

$8 \cdot 3 =$ ___ S $15 : 3 =$ ___ I $4 \cdot 3 =$ ___ A $9 \cdot 3 =$ ___ E $2 \cdot 3 =$ ___ N

$27 : 3 =$ ___ M $6 \cdot 3 =$ ___ I $21 : 3 =$ ___ E $9 : 3 =$ ___ L $12 : 3 =$ ___ N

Schreibe die Buchstaben zu ihren Ergebnissen. So findest du das Lösungswort.

7	5	6	9	12	3	27	18	4	24

1

0, 6, 12,

60, 54,

Diese Zahlen sind auch Ergebnisse des 3er-Einmaleins:

2

	1	6	4	8	2	10	5	3	9	7
· 6										

	12	30	24	42	6	54	48	60	36	18
: 6										

3

6 · 6 | 2 · 6 | 5 · 6 | 7 · 6 | 8 · 6 | 1 · 6 | 3 · 6 | 4 · 6 | 9 · 6

12 | 36 | 30 | 48 | 42 | 6 | 24 | 18 | 54

4

6 · 3 | 4 · 3 | 8 · 3 | 10 · 3 | 2 · 3 | 24 : 3 | 12 : 3 | 15 : 3

3 · 6 | 4 · 6 | 2 · 6 | 1 · 6 | 5 · 6 | 24 : 6 | 48 : 6 | 30 : 6

5

	· 3	· 6
7		
9		
6		
8		
10		

	: 3	: 6
30		
12		
24		
6		
18		

Male die Ergebnisse orange an.

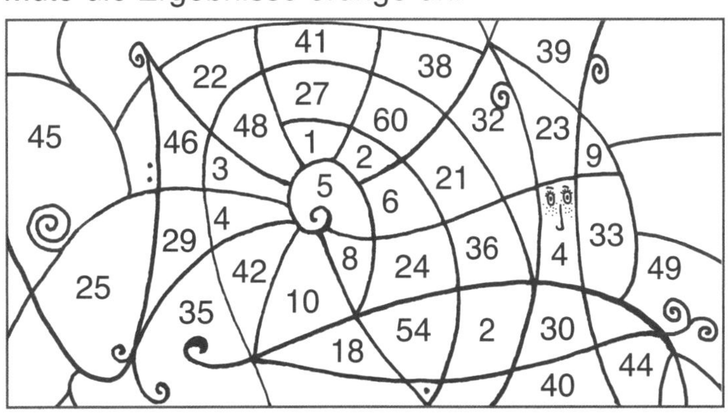

Einmaleins mit 9

1

0 →(+9) ___ →(+9) ___ →(+9) ___ →(+9) ___ →(+9) ___ →(+9) ___ →(+9) ___ →(+9) ___ →(+9) ___ →(+9) ___

90, 81, 72 ______________________

2

4 · 9 = 36	2 · 9 = ___	3 · 9 = ___	6 · 9 = ___
36 : 9 = 4	___ : 9 = ___	___ : 9 = ___	___ : 9 = ___
7 · 9 = ___	5 · 9 = ___	9 · 9 = ___	8 · 9 = ___
___ : 9 = ___	___ : 9 = ___	___ : 9 = ___	___ : 9 = ___

3 Verbinde immer die beiden Aufgaben, die das gleiche Ergebnis haben.

70–7	80–8	30–3	50–5	60–6	90–9	20–2	40–4	100–10
8 · 9	7 · 9	3 · 9	6 · 9	5 · 9	2 · 9	9 · 9	10 · 9	4 · 9

4

8 →(· 3) ___ →(: 6) ___ →(· 9) ___ →(: 6) ___ →(· 3) ___ →(: 9) ___ S

4 →(· 6) ___ →(: 3) ___ →(· 9) ___ →(– 12) ___ →(: 6) ___ →(· 9) ___ A

2 →(· 9) ___ →(: 3) ___ →(: 3) ___ →(· 6) ___ →(: 3) ___ →(· 9) ___ U

63 →(: 9) ___ →(· 6) ___ →(+ 3) ___ →(: 9) ___ →(· 6) ___ →(: 3) ___ M

Schreibe die Buchstaben zu den Ergebnissen der Rechenschlangen.
So findest du das Lösungswort.

10	90	36	2

1

+7 → (rightward), +7 ↓ (downward)

0	7						
7	14						
							70

2

1 · 7 = ☐	4 · 7 = ☐
5 · 7 = ☐	2 · 7 = ☐
7 · 7 = ☐	8 · 7 = ☐
10 · 7 = ☐	9 · 7 = ☐
3 · 7 = ☐	6 · 7 = ☐

3

: 7

21	
56	
7	
42	

: 7

14	
49	
35	
70	

: 7

28	
63	
	6
	8

4

2 · 7 | 5 · 7 | 6 · 7 | 3 · 7 | 8 · 7 | 7 · 7 | 10 · 7 | 1 · 7 | 4 · 7

14 | 42 | 35 | 21 | 49 | 56 | 70 | 28 | 7

5

7 · 7 = ☐	35 : 7 = ☐
63 : 7 = ☐	4 · 7 = ☐
21 : 7 = ☐	8 · 7 = ☐
6 · 7 = ☐	28 : 7 = ☐
2 · 7 = ☐	49 : 7 = ☐
70 : 7 = ☐	5 · 7 = ☐
7 : 7 = ☐	42 : 7 = ☐
3 · 7 = ☐	56 : 7 = ☐

Rechne und verbinde die Ergebnisse der Reihe nach.

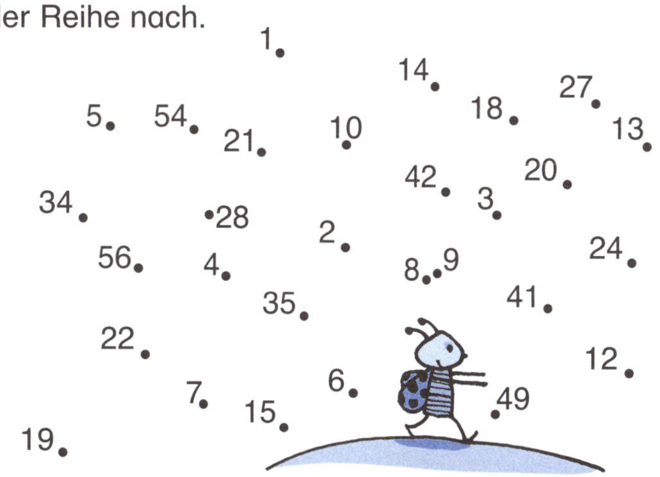

Wiederholung

1

5 rot | 6 gelb | 7 blau | 8 orange | 9 grün

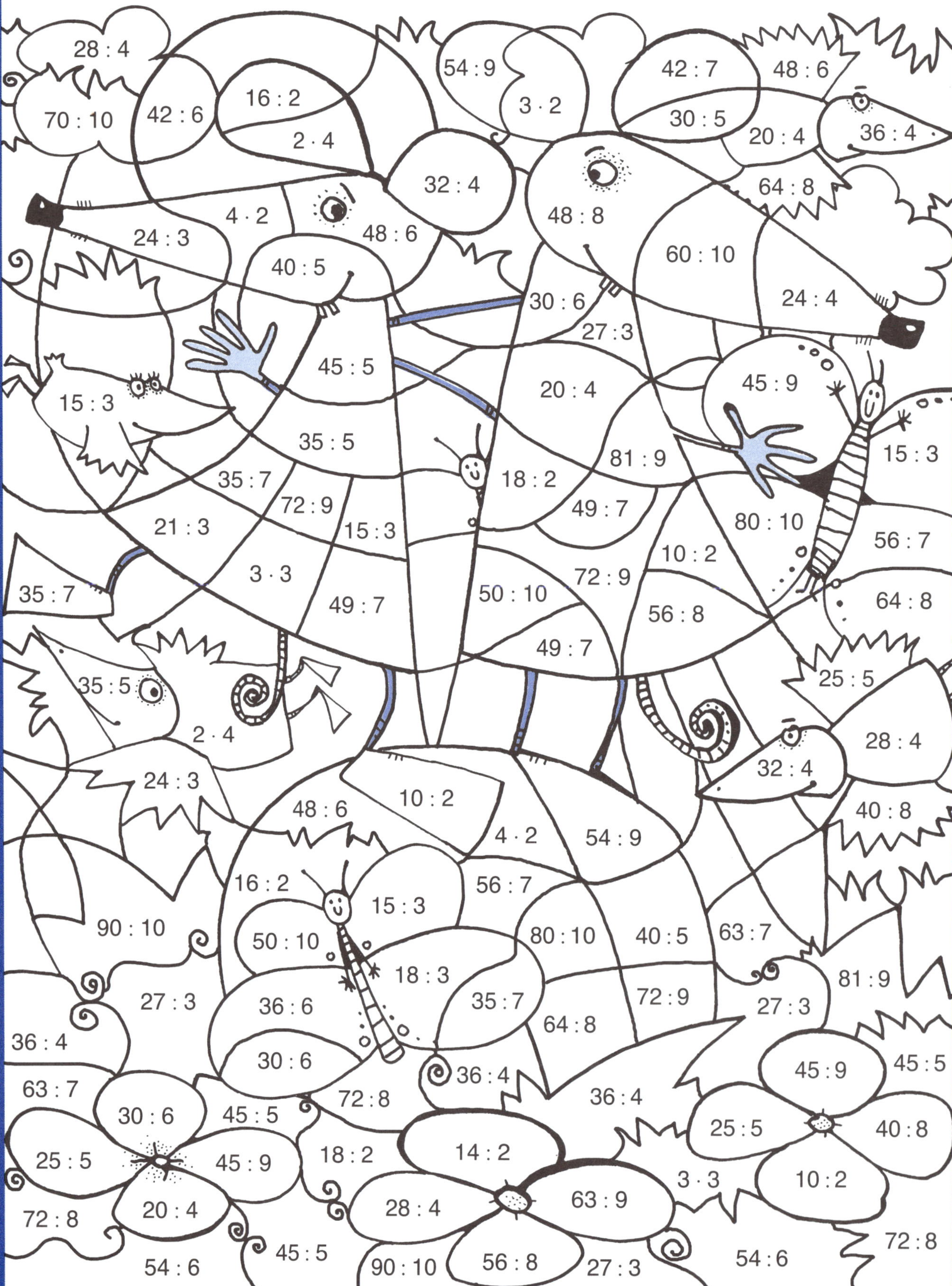